Adolf Bernhard Meyer

Die Hirschgeweih-Sammlung im Königl. Schlosse zu Moritzburg bei Dresden

Adolf Bernhard Meyer

Die Hirschgeweih-Sammlung im Königl. Schlosse zu Moritzburg bei Dresden

ISBN/EAN: 9783744655910

Hergestellt in Europa, USA, Kanada, Australien, Japan

Cover: Foto ©ninafisch / pixelio.de

Weitere Bücher finden Sie auf **www.hansebooks.com**

DIE
HIRSCHGEWEIH-SAMMLUNG

IM

KÖNIGL. SCHLOSSE

ZU

MORITZBURG

BEI DRESDEN.

HERAUSGEGEBEN

VON

D.R. ADOLF BERNHARD MEYER,
K. S. HOFRATH UND DIRECTOR DES K. ZOOLOGISCHEN MUSEUMS ZU DRESDEN.

DRESDEN.
PHOTOGRAPHIE, DRUCK UND VERLAG VON WILHELM HOFFMANN.

DIE MORITZBURGER GEWEIHE.

Das königlich sächsische Jagdschloss Moritzburg liegt 3 Stunden nördlich von Dresden entfernt mitten im Friedewald (Burggrafenwald) auf einer Insel in einem kleinen See, wie es unser Titelbild veranschaulicht. Es wurde in den Jahren 1542—1589 unter den Kurfürsten Moritz (1541 bis 1553), August (1553—1586) und Christian I. (1586—1591) nach den Plänen des Erstgenannten, wahrscheinlich von dem Landbaumeister Hans von Dehn-Rothfelser erbaut und vornehmlich unter den Kurfürsten Johann Georg I. (1611—1656) und Johann Georg IV. (1691—1694), und unter dem König August II. von Polen (1694—1733) vergrössert und erneuert (1722). Es enthält an 200 Zimmer und in 7 Sälen Jagdgemälde und Geweihe aller Art, welchen letzteren das Schloss seine Berühmtheit bei Jägern, Jagdliebhabern und Zoologen verdankt. Die Wände des grossen Speisesaales, welcher 20,25 m lang, 10,50 m breit und 11.60 m hoch ist, schmücken 71 Edelhirschgeweihe, davon keines unter 24 Enden, und im Audienzsaale werden 42 monströse Hirschgeweihe, darunter der berühmte 66-Ender, aufbewahrt.

Dem Speisesaale sind alle von uns abgebildeten Geweihe, bis auf 3 monströse (Tafel XXVII—XXIX), welche aus dem Audienzsaale stammen, entnommen, und zwar von den vorhandenen

18 Stück	24-Endern	3	auf Tafel	I—III
18 „	26 „	6 „	„	IV—IX
13 „	28 „	6 „	„	X—XV
5 „	30 „	1		XVI
10 „	32 „	5 „		XVII—XXI
2 „	34 „	1 „		XXII
3 „	36 „	2 „	„	XXIII—XXIV
2 „	50 „	2 „	„	XXV—XXVI

also von den 71 Geweihen zusammen 26 auf ebensovielen Tafeln; ausserdem ein Paar verkämpfter Geweihe, ein Zehner und ein Zwölfer (Tafel XXX), welches interessante Object in einer Ecke lose aufgestellt ist. Wir trachteten, die schönsten und charakteristischesten Stücke auszuwählen, allein die zurückgebliebenen Zweidrittel sind fast alle abbildenswerth, und sie mögen daher eventuell einer Fortsetzung unseres Werkes vorbehalten bleiben.

Nur bei neun Stücken dieser seltenen Geweihe lässt sich angeben, wann und wie sie nach Moritzburg gekommen sind. In keinem der betreffenden Archive gelang es uns mehr als ein paar dürftige Notizen aufzufinden; von der Mehrzahl ist nicht einmal mit Sicherheit auszusagen, ob sie bereits vor der Erbauung des Schlosses irgendwo vorhanden gewesen waren und vielleicht zum Theil ein sehr hohes Alter haben, oder ob sie erst seit dem 16. Jahrhundert gesammelt worden sind.

Wir glauben jedoch annehmen zu müssen, dass ein Theil der Geweihe ein höheres Alter hat, denn aus der 44 jährigen Regierungszeit des Kurfürst Johann Georg I. (1611—1656) werden nur 24 Stück 20-Ender, 9 Stück 22-Ender, 3 Stück 24-Ender, ein 26-Ender, ein 28-Ender und ein 30-Ender als von ihm selbst erlegt, registrirt; aus der 24 jährigen Regierungszeit des Kurfürst Johann Georg II. (1656—1680) nur noch 26 Stück 20-Ender und 6 Stück 22-Ender. Geweihe mit noch mehr Enden wurden nicht erbeutet; und ein Jahrhundert später aus einer 24 jährigen Jagdthätigkeit des König Friedrich August (bis 1799) nur noch 6 Stück 16-Ender. Die Ausbeute vermindert sich also rapide mit den Jahrhunderten. Nehmen wir aber auch an, dass die Herrscher Sachsens von Kurfürst Moritz bis Kurfürst Johann Georg I., also von 1541—1611, in 70 Jahren ein Vielfaches von dem erlegt hätten, was Johann Georg I. in 44 Jahren erlegte, so ergiebt das doch immer noch nicht jene Mengen vielendiger Geweihe, welche wir thatsächlich in Moritzburg finden. Wenn nun auch unter all' diesen Herrschern manche Stücke gekauft und geschenkt worden sein mögen, so müssen doch immerhin schon viele vor der Erbauung von Moritzburg vorhanden gewesen sein. Bei Lebzeiten des Kurfürst Moritz barg das Schloss nur 31 Hirschgeweihe, auch Kurfürst August fügte nur wenige hinzu, während in Schloss Augustusburg im Jahre 1576 bereits etwa 640 Stück waren, von denen unter König August II. von Polen im Jahre 1725 72 nach Moritzburg kamen, darunter möglicherweise, und wir möchten sagen wahrscheinlicherweise, eine Menge jener Stücke, welche wir heute noch als Seltenheiten bewundern.

Wenn heutzutage in Sachsen schon der 20-Ender zu den grössten Seltenheiten gehört und wenn, wie wir sahen, Kurfürst Johann Georg I. in der ersten Hälfte des 17. Jahrhunderts noch 24 derselben in 44 Jahren selbst erlegen konnte, und Kurfürst Johann Georg II. in 24 Jahren 26, so liegt der Schluss nahe, es seien die vielendigen Geweihe damals häufiger gewesen; allein dieses ist nicht der Fall, solche Stücke waren damals in Anbetracht der Massenhaftigkeit der Jagdbeuten auch relativ selten. Es wurden z. B. im Jahre 1613 in Preussen auf einer Treibjagd 672 Hirsche erlegt, darunter ein 26-Ender von $7^1/_4$ Ctr.; Kurfürst Johann Georg I. jagte während seiner Regierungszeit selbst 15,291 Hirsche, darunter einen über 8 Ctr., 59 über 7, 649 über 6 und 2639 über 5, während jetzt ein Hirsch von $3^1/_2$ Ctr. schon für einen sehr starken gilt (der Grund der Abnahme in der Stärke mag zum Theil in der bei unseren jetzigen Waldverhältnissen nur noch möglichen mangelhaften Winteräsung liegen), insgesammt sollen unter dem genannten Fürsten 795,403 Stück Wild eingeliefert worden sein. Kurfürst Johann Georg II. erlegte 13,636 Hirsche, darunter einen über 9 Ctr. Nach Altum soll ein 22-Ender sogar einmal 10 Ctr. gewogen haben.

Es bleibt nun immerhin auffällig, dass über so seltene und geschätzte Objecte, wie diese grossen Hirschgeweihe es seit jeher gewesen sind, sich nur so spärliche archivalische und andere Aufzeichnungen auffinden lassen. Man zahlte schon damals erkleckliche Summen für einzelne Stücke, so wurde z. B. dem Kurfürst August 1568 aus Russland ein Hirschgeweih für 600 Thaler angeboten, man wollte jedoch nur 4—500 Thaler geben. Allein die Spärlichkeit der vorhandenen Aufzeichnungen lässt sich doch wohl aus manchen Gründen erklären. An einzelnen einschlagenden Notizen können wir nur die folgenden beibringen, sie beweisen jedoch die Seltenheit der vielendigen Geweihe schon zu damaliger Zeit genügend.

Conrad Gessner spricht in seiner Naturgeschichte (1560) von einem 30-Ender als von einer ausserordentlichen Rarität, welche er selbst nicht zu Gesicht bekommen. 1574 wurde in Weida ein 22-Ender geschossen, für welchen in Dresden ein Kopf geschnitten werden sollte. Kurfürst August erlegte gegen das Ende seiner Regierungszeit (circa 1585) den auf unserer Tafel XVII abgebildeten 32-Ender, auch soll derselbe laut einem Briefe des Pfalzgrafen Johann Casimir einen 60-Ender geschossen haben. 1654 wurde der von uns auf Tafel IX abgebildete 26-Ender erbeutet. Eine Inschrift in Moritzburg an einem 20-Ender im sog. Steinsaale besagt: „Von der Durchl. Hochg. Fürstin und Frauen, Frauen Magdalena Sibyllen aus churfürstl. Stamm u. verm. Prinzessin zu Sachsen Jul. Clev. u. Berg ist dieser Hirsch von 20 Enden zu Hommelsheim in Rietzenbeck 1656 d. 17. Septbr. in der Brunfft geschossen worden, hat gewogen 5 Ctr. 65 Pfd., 2 Ellen die Höhe, 7 Zoll die Dicke des Geweihes; das Geweih hat gewogen 34 Pfd. (fünfthalb Viertel die Weite der Crone)." Das „Trinkhorn", die einem 26-Ender angehörige rechte Stange (Tafel XXIV b), wird zuerst 1689 erwähnt. Der berühmte, auf unserer Tafel XXVII abgebildete 66-Ender ist 1696 von Kurfürst Friedrich III. von Brandenburg im Amte Biegen geschossen worden. Im Jahre 1719 erlegte Markgraf Wilhelm Friedrich zu Brandenburg-Onoltzbach einen 24-Ender, welchen Ridinger abgebildet hat. 1727 schenkte König Friedrich Wilhelm I. von Preussen dem Kurfürsten Friedrich August I. von Sachsen (König August II. von Polen) 4 seltene Geweihe, und zwar zwei 24-Ender (einer davon ist auf unserer Tafel III abgebildet), einen 30-Ender (Tafel XVI) und einen 50-Ender (Tafel XXV). 1736 wurde im Coburgischen ein 46-Ender geschossen, welcher 550 Pfund wog. Nach Goetze's Europäischer Fauna (1793) wären im Jahre 1740 26-Ender in der Churmark nichts Ungewöhnliches gewesen (?). Auf dem sog. Junkerhofssaale bei Danzig wurde ein Geweih von 32 Enden gezeigt, welches nicht für 500 Thlr. feil war. Ein Herzog von Pommern errichtete in der Tannenhaide bei Golnow ein steinernes Denkmal zum Andenken eines daselbst erlegten 36-Enders. Herzog Wilhelm IV. von Bayern besass ein Geweih von 42 Enden, welches der Königin Marie von Ungarn geschenkt wurde. Ridinger († 1767) bildete in seinen Meisterstichen aus dem 18. Jahrhundert einen 20-, einen 22-, zwei 24-, einen 28- und einen 32-Ender ab: Buffon einen 20-Ender, dieser Forscher erwähnt ausserdem (1756) 2 andere 20-Ender. Geweihe mit mehr Enden scheint er nicht gekannt zu haben. Im letzten Jahrzehnt des Jahrhunderts wurde ein 22-Ender bei Weissenfels geschossen. In der Königl. Gewehrgallerie zu Dresden werden zehn 20-Ender und acht 22-Ender, im königl. Historischen Museum zu Dresden ein 20-Ender und ein 22-Ender aufbewahrt, welche jedoch zum Theil aus früheren Zeiten stammen: 1825 wurde ein 22-Ender bei Nossen erlegt, dessen Geweih sich neben vielen anderen mit weniger als 24 Enden aus früheren Zeiten in Moritzburg befindet. In Saupsdorf wird ein in diesem Jahrhundert erlegter 22-Ender aufbewahrt. G. Cuvier (1835) spricht, abgesehen von dem Moritzburger 66-Ender, nur von 24-Endern. Owen erwähnt (1868) einen 20-Ender, welcher 74 Pfund wiegt. In Sir Philipp Egerton's Museum befindet sich eine Stange eines 30-Enders. 1882 endlich soll im Park zu Forstenried in Bayern ein 36-Ender, und bei Tharand in Sachsen ein 20-Ender zur Strecke gebracht worden sein.

Ehe wir zur Beschreibung der von uns abgebildeten seltenen Stücke übergehen, seien einige kurze Bemerkungen über die Entwickelung des Geweihes beim Edelhirsch *(Cereus Elaphus Linné)* sowie über die auffälligen Erscheinungen des jährlichen Abwerfens und der in kurzer Zeit erfolgenden Geweiherneuerung eingeschaltet.

Die Entwicklung des Geweihes geht nicht immer regelmässig vor sich: schematisch würde sie sich ungefähr folgendermassen darstellen lassen: Im 7. bis 9. Monat erhält das Hirschkalb (Männchen) zuerst ein einfaches Gehörn: Spiesse; im nächsten Jahre tritt die Augensprosse auf, der Hirsch wird Gabler und brünftig (Brunft von brëman — brummen —, wie Kunft von quënan, Vernunft von nënan, nach Grimm); im dritten Jahre wird der Gabler durch die hinzutretende Mittelsprosse zum Sechser; im vierten ist die Stangenspitze getheilt: der Hirsch tritt als Achter in sein kräftiges Mannesalter; im fünften entsteht zuerst die Eissprosse zwischen der Augen- und Mittelsprosse: der Hirsch wird ein Zehner; im sechsten wird die zweizinkige Gabel der Stangenspitze („Stiefelknecht") dreizinkig, womit sich die Krone des Zwölfenders gebildet hat. Nun tritt bei normaler Entwicklung, welche jedoch vielfach durch Überspringen und Wiederholen von Stufen, durch „Zurücksetzen" und sonst wie unterbrochen wird, in jedem folgenden Jahre, häufig jedoch nur einseitig, eine neue Spitze auf: Aus der dreizinkigen Gabel werden 2 zweizinkige (14-Ender), dann erscheint eine dreizinkige und eine zweizinkige (16-Ender), dann 3 zweizinkige (18-Ender) u. s. f. (Hirsche sollen bis 40 Jahre alt werden.) Normal gebildete Kronen müssten demnach folgende Zahlenverhältnisse aufweisen.

20-Ender: 2 — 2 — 3
22- „ : 2 — 2 — 2 — 2
24- „ : 2 — 2 — 2 — 3
26- „ : 2 — 2 — 2 — 2 — 2
28- „ : 2 — 2 — 2 — 2 — 3 u. s. w.

allein thatsächlich findet man ausserordentlich selten einen derartig normal gebildeten 24-Ender, geschweige Kronen mit mehr als 9 Enden, welche dieses Gesetz zur Anschauung brächten; dennoch dürfte es der Entwicklung zu Grunde liegen. Nur mit geringen Ausnahmen sind daher die von uns abgebildeten Geweihe vom zoologischen Standpunkte aus als normal entwickelte zu bezeichnen, und bei einer grossen Zahl derselben beschränken sich die Abnormitäten nicht einmal auf die Kronen, sondern erstrecken sich auf die Augen-, Eis- und Mittelsprossen, abgesehen von noch anderen Anomalien.

Die Verbindung der Stange mit dem Rosenstocke an der Stelle, an welcher später beim natürlichen Abwerfen des Geweihes die Loslösung erfolgt, ist eine so innige und feste, dass unter Umständen eher ein Ende oder die Stange oder selbst der Rosenstock bricht, als die Verbindungsstelle zwischen Stange und Rosenstock. Wie kommt es demnach, dass nach der Brunftzeit die Stange abfällt „wie im Herbste das Blatt vom Zweige"?

Während der Bildung des Geweihes und noch eine Zeitlang darüber hinaus besitzen, wie Längsschnitte lehren, Rosenstock und Stangenbasis genau dieselbe Structur und Belebung, so dass eine Grenze gar nicht erkennbar ist. Nach der Brunftzeit jedoch und kurz vor dem Abwerfen zeigt ein solcher Längsschnitt, dass der Rosenstock zwar unverändert fortlebt, die Stange aber mehr und mehr abstirbt und sich allmählich abgrenzt, bis sie wie ein Schorf abfällt (zu welcher Zeit auch die Haare ausgehen). Die das Geweih aufbauende und ernährende äussere Knochenhaut vertrocknet und verknöchert, sobald der Hirsch gefegt (d. h. die äussere weiche Haut abgerieben hat), und der einzige Weg, auf welchem dem Geweih dann noch Ernährungsmaterial zugeführt werden kann, geht durch den Rosenstock. Würde die Knochenhaut nicht vertrocknen, so könnte der Hirsch sein Geweih nicht zum Kampfe gebrauchen. Hört nun aber auch die Säftezufuhr auf dem einzig übrig gebliebenen Wege auf, so muss das Geweih als abgestorbenes, todtes Organ abfallen. Man kann den Grund des Versiegens des durch den Rosenstock fliessenden zarten Ernährungsfadens darin suchen, dass die Kräfte des in der Brunftzeit auf's Höchste erschöpften Hirsches nicht mehr ausreichen, um so weit vom Herzen abliegende und auch sonst schon in Bezug auf ihre Ernährung stark beeinträchtigte Regionen genügend mit Säften zu versehen. Altum, welchem wir in der Auffassung dieses Processes folgen, schildert den Hirsch um diese Zeit mit folgenden Worten: „Feist, auf dem Gipfel seiner diesjährigen Kraft und Lebensfülle geht er in die Brunftzeit hinein; in hohem Grade herabgekommen, schlecht, tritt er aus derselben. Er hat geschrieen, getobt, gekämpft, keine Aesung zu sich genommen, durch zahlreiches Beschlagen seine Kraft verbraucht, er ist am ganzen Körper reducirt. Abgemattet, fast welk, mit kaum einem Drittel seines früheren Gewichtes tritt er von der Brunft ab und schleicht traurig einher." Auf diese Weise und wenn man die Correlation in Betracht zieht, in welcher die Geschlechtsfunction und gewisse sogenannte secundäre Geschlechtscharaktere überhaupt zu einander stehen, wird es auch verständlich oder wenigstens plausibler, wieso während der Brunftzeit weniger reducirte Hirsche ihr Geweih länger behalten, ferner weshalb castrirte überhaupt nicht, und einseitig castrirte nur einseitig abwerfen, respective aufsetzen, je nach der Zeit, in welcher die Operation unternommen wird (Buffon): weshalb am Kurzwildprett oder sonst beschädigte und in Folge dessen kränkelnde, ferner Hirsche, welche Mangel an Aesung erleiden, Geweihverkümmerungen, menströse oder schwache Geweihe, bei allzu kärglicher Nahrung selbst gar keine aufweisen. „Der Hirsch ist nicht im Stande gewesen, die normale Jahreshöhe in seiner Körperentwickelung zu gewinnen, und das Geweih ist dafür ein sehr empfindlicher Barometer." Unklar bleibt jedoch, wie auch noch Anderes, wesshalb ein Hirsch, dem man das Gehörn dicht über dem Rosenstock absägt, fortpflanzungsunfähig wird (Schreber).

Wenn nach der Brunftzeit, welche in den September und October fällt, sich die Kräfte wieder heben, beginnt sogleich die Neubildung unter dem noch vorhandenen Geweih: Kapitalhirsche setzen im Februar ab, und im Juli haben sie bereits ihren Kopfschmuck in normaler Stärke wieder erlangt.

Bei den in den folgenden Beschreibungen gegebenen Messungen* ist die Stangenlänge stets in gerader Linie von der Rose bis zu dem am weitesten abstehenden Ende gemessen. Unter „schädelecht" verstehen wir, dass die Stangen auf einem Stück des Stirnbeines in natürlicher Lage sitzen. Das Gewicht wurde direct nur an 2 Geweihen bestimmt, weil die Loslösung von den Köpfen eine zu beschwerliche und nicht genügend lohnende Arbeit gewesen wäre. Es wurde gewogen der auf Tafel I abgebildete (ungerade) 24-Ender, das grösste und schwerste Stück der ganzen Sammlung:

Stangen mit Stirnbeinfragment . . . . 18,860 Ko.
Holzkopf . . . . 12,140 „
Schrauben zum Befestigen des Geweihes an dem Kopfe 0,030 „
Draht zum Befestigen an der Wand . . . . . 0,023 „
31,053 Ko.

und zweitens der auf Tafel XXII abgebildete (ungerade) 34-Ender:

Stangen mit Stirnbeinfragment . . . . 12.360 Ko.
Holzkopf . . . . 11.560 „
Schrauben . . . . 0,030 „
Draht . . . . 0,020 „
23,970 Ko.

Hiernach und unter Berücksichtigung aller anderen Momente war es möglich, nach der Bestimmung des Gesammtgewichtes (Kopf, Geweih etc.) eine Schätzung

---

*) Sowohl die Beschreibungen, als auch besonders die Messungen konnten in der vorliegenden kleinen Ausgabe des Geweihwerkes nur wesentlich verkürzt wiedergegeben werden.

des Gewichtes der Geweihe ohne die Köpfe vorzunehmen, so dass die angenommenen Gewichte im Grossen und Ganzen sich nicht weit von den wirklichen entfernen dürften. Einige der Holzköpfe sind bedeutend schwerer, da sie in Ecken hängen und demgemäss nach hinten eckig ausladen; für diese musste ein grösserer Abzug vom Gesammtgewichte gemacht werden.

TAFEL I.
Vierundzwanzig-Ender (ungerade).

Schädelecht. Rechts 12, links 11 Enden. Sehr massiges Geweih. Augensprossen sehr stark und seitlich zusammengedrückt. Kronenbildung von seltener Regelmässigkeit: rechts 3 zweizinkige und eine dreizinkige Gabel (die Formel wäre 2 — 2 — 2 — 3), links 4 zweizinkige Gabeln (2 — 2 — 2 — 2). Abgesehen von dieser seltenen Regelmässigkeit, welche in der ganzen Moritzburger Sammlung bei einem so vielendigen Geweih nicht wiederkehrt und welche das Stück zu einem Unicum stempeln dürfte, ist es ausgezeichnet durch seine Grösse und Schwere. Eine Gesammtausladung von 1,920 m kehrt überhaupt bei keinem der Moritzburger Edelhirschgeweihe wieder, ebenso wenig ein Gewicht von 18.860 Ko. Das hohe Alter des Hirsches, welcher einst dieses Geweih trug, ist ersichtlich aus der Kürze des Rosenstockes und aus dem der Rose ausserordentlich nahen Stand der Augen- und Eissprossen, sowie deren Stärke. Herkunft unbekannt. Dieses vielleicht schönste aller Moritzburger Geweihe hängt im Speisesaale an der dem Haupteingange gegenüberliegenden Wand zwischen dem mittleren und rechten unteren Fenster.

Gesammtausladung . . . . 1,920 m.
Länge der Stange . . . . . . rechts 1,210. links 1,200 ..

TAFEL II.
Vierundzwanzig-Ender (ungerade).

Schädelecht, jedoch ist das Stirnbein gespalten. Rechts 11, links 12 Enden. An der rechten Krone 2 Enden abgesägt. Gewicht auf 10—11 Ko. Hängt an der rechten Seite des Speisesaales in der obersten Reihe ganz rechts zwischen 2 anderen 24-Endern. Herkunft unbekannt.

Gesammtausladung . . . . 1,360 m.
Länge der Stange . . . . . . rechts 0.940. links 0.960 ..

TAFEL III.
Vierundzwanzig-Ender (ungerade).

Schädelecht (mit Haut). Rechts 11. links 12 Enden. Kronen kelchartig vertieft. Gewicht circa 13 Ko. Hängt auf der linken Seite des Saales in der obersten Reihe über dem am weitesten nach links stehenden Fenster. Auf dem Schild an dem Geweihe steht ein „P". Dieses bedeutet, wie wir bei unserer Erklärung von Tafel XXV darthun werden, „Preussen"; es ist dieses Geweih nämlich mit noch 3 anderen von König Friedrich Wilhelm I. von Preussen im Jahre 1727 dem Kurfürsten Friedrich August I. von Sachsen (König August II. von Polen) geschenkt worden.

Gesammtausladung . . . . 1,490 m.
Länge der Stange . . . . . . rechts 1,025, links 1,070 „

TAFEL IV.
Sechsundzwanzig-Ender.

Schädelecht. Stirnbein gesprungen. Beiderseits 13 Enden, aber je eines abgebrochen, rechts vielleicht sogar zwei, in welchem Falle es ein (ungerader) 28-Ender wäre. Die Kronen sind bandartig ausgebreitet, die Enden flach. Links eine selten gesetzmässige Bildung: 4 zweizinkige Gabeln und ein einzelnes Ende (die 2. Zinke der 5. Gabel ist abgebrochen); die Geweihformel wäre demnach 2 — 2 — 2 — 2 — 1 (2). Auch dieses Geweih dürfte wie das auf Tafel I abgebildete 24 endige ein Unicum in Bezug auf Regelmässigkeit sein, wenigstens bezüglich der linken Stange. Beide Augensprossen sind angesetzt. Gewicht circa 13 Ko. Hängt an der linken Seite des Speisesaales in der 2. Reihe von oben zwischen dem mittleren und linken oberen Fenster und zwischen 2 anderen 26-Endern. Herkunft unbekannt.

Gesammtausladung . . . . 1,640 m.
Länge der Stange . . . . . . rechts 1,180, links 1,120 „

TAFEL V.
Sechsundzwanzig-Ender (ungerade).

Bechergeweih, abgeworfen. Rechts 11, links 13 Enden. Alle Kronenenden aufwärts strebend, wie auch die Mittelsprossen. Rechts ein Doppelbecher, der äussere jedoch sehr klein; links ein sehr grosser Becher. Die linke Mittelsprosse bildet eine zweizinkige Gabel, die rechte ist sehr lang und liegt der Krone nahe an. Die Stangen stehen augenscheinlich zu eng. Dieses Geweih, der auf Tafel VI abgebildete 26-Ender, der auf Tafel XXI abgebildete 32-Ender, und die auf Tafel XXIV b abgebildete Stange eines 26-Ender (das „Trinkhorn") sind abgeworfene Geweihe eines und desselben Hirsches, die eigenthümliche Configuration, die Farbe etc. stimmen bei allen überein; ferner dürfte noch ein 28-Ender, welchen wir jedoch nicht abgebildet haben, derselben Serie angehören; dieser hängt an der linken Wand über dem Ofen, rechts neben dem auf Tafel XIII abgebildeten 28-Ender. Herkunft unbekannt; wie wir unten sehen werden, wird das Trinkhorn im Jahre 1689 zum ersten Male erwähnt, es handelt sich daher jedenfalls um ältere Stücke. Gewicht circa 7—8 Ko. Hängt im Speisesaale in der linken Fensterecke oben.

Länge der Stange . . . . . . rechts 0,810, links 0,850 m.

TAFEL VI.
Sechsundzwanzig-Ender (ungerade).

Bechergeweih, abgeworfen. Rechts 13, links 11 Enden. Alle Kronenenden streben nach aufwärts, wie auch die Mittelsprossen, die rechte besonders ist ganz zur Krone gestellt. Der Becher der rechten Stange ist ziemlich offen, derjenige der linken geschlossen und tiefer, circa 4 cm tief. Beide Mittelsprossen enden in einer zweizinkigen Gabel. Gewicht circa 7—8 Ko. Auch diese 2 Stangen stehen augenscheinlich zu eng an einander. Hängt im Speisesaale in der rechten Fensterecke oben. Herkunft unbekannt.

Länge der Stange . . . . . . rechts 0.820, links 0,850 m.

TAFEL VII.
Sechsundzwanzig-Ender (ungerade).

Abgeworfenes Geweih. Rechts 11 Enden. links 13. Rechts keine Eissprosse. Augen- und Eissprosse sowie eine zweizinkige Kronengabel links angesetzt. An der Basis eines Kronenendes rechts oben eine kleine Höhlung. Gewicht circa 15 Ko. Hängt im Speisesaale an der rechten Seite in der 2. Reihe von oben zwischen dem linken und mittleren Fenster. links von 2 anderen 26-Endern. Herkunft unbekannt.

Gesammtausladung . . . . 1,530 m.
Länge der Stange . . . . . . rechts 1,165. links 1,070 ..

TAFEL VIII.
Sechsundzwanzig-Ender (ungerade).

Schädelecht, mit Haut- und Haarresten. Rechts 11, links 13 Enden. Die Eissprosse fehlt beiderseits, dagegen sind die Kronen in auffallender Weise zweitheilig, die vordere links mit 5, rechts mit 4 Enden, die hintere links mit 6, rechts mit 5 Enden; in den hinteren Kronen kleine Kelche. Seltene und interessante Bildung. Gewicht circa 8 Ko. Hängt im Speisesaal an der rechten Seite in der 2. Reihe von oben, links vom Ofen, es ist in dieser Reihe von 26-Endern das vierte (von links an gezählt). Herkunft unbekannt.

Gesammtausladung . . . . 1.200 m.
Länge der Stange . . . . . . rechts 0,915. links 0.840 ..

TAFEL IX.
Sechsundzwanzig-Ender (ungerade).

Nicht schädelecht, Rosenstöcke abgesägt. Rechts 13. links 10 Enden. Beide Kronen becherförmig, links sehr flach, in der rechten Krone eine lange abwärts steigende Rinne. Rechte Eissprosse gesprungen. Gewicht circa 12 Ko. Eines der wenigen Geweihe, über dessen Herkunft eine Notiz vorliegt. Es steht nämlich auf einem Schilde unter dem Kopfe: „Anno 1654 ist dieser Hirsch bey Fraustatt in gross Pohlen geschoszen und 1737 anhero nach Moritzburg gebracht worden." Also unter August III., König von Polen. Das Geweih hängt im Speisesaale an der Wand neben der Haupteingangsthür, rechts wenn man durch dieselbe eintritt.

Gesammtausladung . . . . 1,120 m.
Länge der Stange . . . . . . rechts 0.950. links 1.070 ..

TAFEL X.
Achtundzwanzig-Ender (ungerade).

Handgehörn. Schädelecht. Rechts 12. links 14 Enden. Kronen handförmig. Augensprossen beiderseits zweizackig. Die linke Mittelsprosse ist zwei Mal vorhanden gewesen, aber die vordere abgebrochen: es mag sich die zweite gebildet haben, nachdem die erste abgebrochen wurde. Die Stangen in ihrer Gesammtheit und die Kronen breit und flach, schaufelartig entwickelt, auch die Sprossen seitlich zusammengedrückt. An der rechten Krone die Spitze eines Endes abgesägt. Gewicht circa 17 Ko. Hängt im Speisesaale an der Wand gegenüber dem Haupteingang über dem mittleren oberen Fenster. Vielleicht der am 27. November 1629 von Kurfürst Johann Georg I. bei Leipzig erlegte sogenannte 30-Ender.

Gesammtausladung . . . . 1,510 m.
Länge der Stange . . . . . rechts 1.040. links 1.040 „

TAFEL XI.
Achtundzwanzig-Ender (ungerade).

Schädelecht (mit Haut). Rechts 11. links 14 Enden. Kronen stark gegabelt: die rechte besteht aus zwei vierzinkigen Gabeln, die linke aus einer vier- und einer siebenzinkigen. Gewicht circa 12 Ko. Hängt im Speisesaale an der rechten Seite ganz rechts in der 3. Reihe, links davon noch vier 28-Ender. Herkunft unbekannt.

Gesammtausladung . . . . 1.430 m.
Länge der Stange . . . . . . rechts 1,180, links 1,170 ..

TAFEL XII.
Achtundzwanzig-Ender.

Abgeworfen. An der linken Krone 3 Enden, welche wohl nicht zum Geweih gehören, angesetzt. An der Basis der rechten Eissprosse nach innen 2 grössere Zacken, ausserdem rechts 2 Mittelsprossen übereinander; die Mittelsprossen stehen beiderseits weit von den Eissprossen entfernt. Gewicht circa 10 Ko. Hängt im Speisesaale an der linken Seite in der 3. Reihe über dem unteren mittleren Fenster. Herkunft unbekannt.

Länge der Stange . . . . . . rechts 0,970, links 1,050 m.

TAFEL XIII.
Achtundzwanzig-Ender (ungerade).

Schädelecht. Rechts 14, links 12 Enden. Die rechte Augensprosse hat 2 Enden. Rechts und links knollenartige Erhöhung an der Basis der Augen- und Eissprosse. An der Mittelsprosse beiderseits ein starker Bug mit Verdünnung der Sprosse. Der Stangentheil von der Mittelsprosse an bis zur Kronenbasis ist rechts viel länger als links. An der linken Eissprosse fehlt die Spitze. Gewicht circa 15 Ko. Hängt im Speisesaale an der linken Seite in der 3. Reihe am weitesten links. Herkunft unbekannt.

Gesammtausladung . . . . 1.760 m.
Länge der Stange . . . . . . rechts 1,200, links 1,160 „

TAFEL XIV.
Achtundzwanzig-Ender (ungerade).

Schädelecht (mit Haaren). Sehr gedrungen und kurz. Rechts 11, links 14 Enden. Linke Mittelsprosse mit 2 Enden, die eine, circa 10 cm lange, liegt der Stange ziemlich an. Rechte Mittelsprosse abgebrochen. Die linke Krone schwach becherförmig. Rillenartige Vertiefungen auffallend ausgebildet. Gewicht circa 7½ Ko. Hängt im Speisesaale an der Wand gegenüber dem Haupteingang über dem unteren linken Fenster. Herkunft unbekannt.

Gesammtausladung . . . . 0.920 m.
Länge der Stange . . . . . . rechts 0.650, links 0.750 „

TAFEL XV.
Achtundzwanzig-Ender (ungerade).

Schädelecht. Rechts 12, links 14 Enden; man könnte auch 15 zählen, in welchem Falle das Geweih ein (ungerader) 30-Ender wäre. Kurz und gedrungen. Linke Mittelsprosse mit 3 Enden, wenn man diese Sprosse nicht zur Krone zählen will, in welchem Falle die Mittelsprosse fehlen würde. Jedenfalls steht diese dreizinkig endende Sprosse weiter von der Eissprosse ab, als die normale Mittelsprosse rechts von der Eissprosse rechts absteht. Auf der unteren Seite der rechten Augensprosse ein kleiner Zacken. Spitze der linken Augensprosse abgebrochen. Gewicht circa 10 Ko. Hängt im Speisesaale an der Wand gegenüber dem Haupteingang über dem unteren rechten Fenster. Herkunft unbekannt.

Gesammtausladung . . . . 1.000 m.
Länge der Stange . . . . . . rechts 0,840, links 0.840 „

TAFEL XVI.
Dreissig-Ender (ungerade).

Abgeworfen. Rechts 15, links 11 Enden. Kronen nach hinten und aussen handförmig stark ausladend. Gewicht circa 11 Ko. Das Schild unter dem Geweih trägt ein „P". Es stammt also aus Preussen (1727), wie der auf Tafel III abgebildete 24-Ender und der auf Tafel XXV abgebildete 50-Ender. (Siehe die Erklärung dieser Tafeln.) Hängt im Speisesaale an der linken Seite in der untersten Reihe links vom Ofen, als zweites in der Reihe.

    Länge der Stange . . . . . . rechts 0,910, links 1,880 m.

TAFEL XVII.
Zweiunddreissig-Ender (ungerade).

Schädelecht, Stirnbein gespalten. Dreistangig. Rechts 9. links 16 Enden auf 2 Stangen; es entwickeln sich hier aus der Rose 2 Stangen; die vordere kürzere, direct und gerade der Rose entspriessend, trägt eine (abgebrochene) Augensprosse, dann 2 kurze (Eis-?) Sprossen und eine Mittelsprosse, endlich an einer relativ dicken Kronenstange (14 cm an der Basis) eine schwache dreizinkige Gabel. Die hintere Stange steigt nicht direct aus der Rose auf, sondern wendet sich dicht über derselben horizontal nach hinten und steigt dann erst in der Richtung der vorderen Stange in einem Abstand von 8—9 cm hoch nach aufwärts. An der Basis dieser hinteren und längeren Stange ist jedoch die Andeutung einer 2. Rose sichtbar, darüber 3 Sprossen, welche eventuell als Augen-, Eis- und Mittelsprossen zu deuten wären, und deren eine noch einen Zacken trägt. Die Krone hat 5 Enden; eine äussere Gabel zeichnet sich durch eine nach abwärts gerichtete Zinke charakteristisch aus. Gewicht circa $4\frac{1}{2}$ Kg. Hängt im Speisesaale in der linken Fensterecke unten.

Von diesem seltenen Geweih ist bekannt, dass der dasselbe tragende Hirsch von Kurfürst August geschossen worden ist, denn auf einem kleinen in Seiner Majestät Schlafzimmer zu Moritzburg am Fenster hängenden Gemälde auf Holz ist dieses Geweih unschwer wieder zu erkennen. Eine Inschrift auf diesem Gemälde lautet:

  „1. Diesen Hirsch hat Churf. August löblich gedecht: selbst geschossen.
  2. desgleichen diesen Hirschen auch.
  3. Zwei Stück Wild so hierin gefangen.
  4. Dieser Hirsch ist lange zum Stolpen im Schlossgraben gegangen 1565.
  5. Ein Rehe so bei Bamberg gefangen worden."

Die Bemerkung sub 1 bezieht sich auf einen Hirsch, dessen monströses Geweih wir auf Tafel XXVIIIb abgebildet haben; die Bemerkung sub 2 aber bezieht sich auf den dreistangigen. Das Bild, welches in einem Inventar von 1709 erwähnt wird, ist also nach dem Tode des Kurfürsten August (1586) (von Spellin?) gemalt worden. In dem Inventar heisst es: „Ein Gemälde auf Holz von allerhand Thieren, welche mehrentheils der höchstselige Churfürst ... geschossen de aō 1565." Diese Jahreszahl kann sich jedoch nur auf den sub 4 genannten Stolpener Hirsch beziehen, denn der sub 1 genannte wurde, wie wir sehen werden, 1584 erlegt.

    Gesammtausladung . . . . 0,880 m.
    Länge der Stange . . . . . rechts 0,780, links 0,750 „
                                              (0,640 „ Vorderst.)

Buffon schon (1756) bildete ein Geweih mit 3 Stangen ab, auch Ridinger; der betreffende Hirsch, welchen der erstgenannte darstellte, war 1754 in Hessen-Darmstadt erlegt worden; ebenso findet man eine Abbildung eines dreistangigen Gehörns in den Acten der Leopoldinisch-Carolinischen Akademie des Jahres 1757, wo rechts 2 Stangen hintereinander stehen, jede mit einer eigenen ganz getrennten Rose. Diese Abnormitäten lassen sich so erklären, dass man annimmt, der Hirsch habe einmal aus irgend einem Grunde an einer Seite nicht abgeworfen, aber trotzdem wieder aufgesetzt. Hirsche mit einer Stange sind manchmal abgebildet worden, z. B. von Ridinger; in einem Inventar der sächsischen Kunstkammer von 1610 heisst es u. A. Seite 392: „1 Stange so ein Stück Wild so zu Rotschiz stehet forer allein getragenn und dieselbe anno 1585 geworfen . . ." Es ist ferner bekannt, dass wenn Hirsche, nachdem sie aufgesetzt haben, castrirt werden, überhaupt nicht mehr abwerfen („Kümmerer"), sondern ihr Geweih ihr Leben hindurch behalten, was auch nach unserer Auseinandersetzung in der Einleitung unschwer zu erklären ist. Vom Rehbock und besonders vom Damhirsch weiss man ebenfalls, dass sie manchmal nicht abwerfen. Setzt der Hirsch, welcher nur einseitig abgeworfen resp. aufgesetzt und nicht abgeworfen hat, trotzdem nun neu auf, so kann in Folge der Hindernisse, welche bei der Bildung der neuen Stange zu überwinden sind, diese sich nicht normal entwickeln. So wird es auch erklärlich, dass bei dem von uns abgebildeten Geweih die vordere Stange gerade aus der Rose hervortritt, während die im folgenden Jahr entstandene hintere sich erst nach hinten wendet, ehe sie aufsteigt. Dem entspricht ferner die Thatsache, dass die vordere Stange weniger Enden hat als die hintere und auch als die rechte; die vordere Stange gehört einem 12-Ender, die rechte und hintere linke einem 14- oder 16-Ender, möglicherweise hat daher die vordere rechte Stange schon 2 Jahre oder noch länger überdauert.

TAFEL XVIII.
Zweiunddreissig-Ender (ungerade).

Schädelecht (mit Haut). Rechts 12, links 16 Enden. Rechte Augensprosse mit 2, linke mit 3 Enden. Kronen fingerförmig. Nicht nur die hohe Endenzahl, sondern auch der nahe Stand der Augen- und Eissprossen zu einander und zur Rose weisen auf das hohe Alter des Hirsches, welcher dieses Geweih getragen hat. Gewicht circa 15 Ko. Hängt im Speisesaale gegenüber dem Haupteingange zwischen dem linken und mittleren unteren Fenster. Herkunft unbekannt.

Gesammtausladung . . . . 1,520 m.
Länge der Stange . . . . rechts 1,090, links 1,050 ..

TAFEL XIX.
Zweiunddreissig-Ender (ungerade).

Schädelecht (mit Haut). Rechts 16, links 12 Enden. An der Basis der linken Stange ist eine (nicht mitgezählte) Zacke angedeutet. Rechts sind mitgezählt: eine abgebrochene Zacke nahe der Basis der Augensprosse und ein zackenförmiger Auswuchs an der Basis der Stange. Beide Eissprossen sind von einem anderen Geweih angesetzt, wie auch an jede Krone eine dreizinkige Gabel, wohl die Kronen eines anderen Geweihes. Gewicht circa 10 Ko. Hängt im Speisesaale an der linken Seite in der untersten Reihe zwischen dem mittleren und rechten Fenster. Herkunft unbekannt.

Gesammtausladung . . . . 1,280 m.
Länge der Stange . . . . rechts 0,920, links 0,950 „

TAFEL XX.
Zweiunddreissig-Ender (ungerade).

Schädelecht. Rechts 16, links 12 Enden. (Links zwischen Augen- und Eissprosse eine kleine Zacke, welche nicht gezählt ist.) Augen- und Mittelsprosse stehen rechts nur 23 cm. links nur 28 cm von einander, während letztere von der Basis der Krone rechts 45, links 44 cm entfernt ist. Zusammen mit der Vielendigkeit mag dieses als ein Zeichen des hohen Alters des Hirsches, welcher dieses Geweih getragen hat, gelten. Gewicht ca. 11 $\frac{1}{2}$ Ko. Hängt im Speisesaale an der rechten Seite in der untersten Reihe zwischen dem mittleren und rechten Fenster. Herkunft unbekannt.

Gesammtausladung . . . . 1,730 m.
Länge der Stange . . . . rechts 1.050, links 1,170 „

TAFEL XXI.
Zweinnddreissig-Ender (ungerade).

Bechergeweih. Abgeworfen. Rechts 14, links 16 Enden. Links ein Doppelbecher, aber beide Kelche nicht geschlossen, rechts ebenfalls ein Doppelbecher, aber nur einer der Kelche nicht geschlossen. Alle Enden streben nach aufwärts. Die rechte Mittelsprosse legt sich der Krone nahe an, die linke Mittelsprosse ist zweizackig mit sehr breiter Basis, dagegen fehlt die linke Eissprosse. Dieses Geweih gehörte mit den auf Tafel V und VI abgebildeten 26-Endern, dem auf Tafel XXIVb abgebildeten „Trinkhorn" und einem nicht abgebildeten 28-Ender wahrscheinlich demselben Hirsch an. Die Stangen stehen zu eng. Gewicht circa 7—8 Ko. Herkunft unbekannt. Hängt im Speisesaal in der rechten Fensterecke unten.

Länge der Stange . . . . . . rechts 0,810, links 0,820 m.

TAFEL XXII.
Vierunddreissig-Ender (ungerade).

Schädelecht (mit Haut). Rechts 15, links 17 Enden. Schaufelförmige Ausbreitung der Kronen. Die rechte Mittelsprosse trägt 3 Enden und steht der Eissprosse sehr fern. der Krone nahe. An der linken Krone ist ein

Ende, circa 3 cm lang, abgebrochen. Gewicht 12,360 Ko. Hängt im Speisesaale an der Wand gegenüber dem Haupteingang zwischen dem linken und mittleren oberen Fenster. Herkunft unbekannt.

Gesammtausladung . . . . 1,620 m.
Länge der Stange . . . . . . rechts 1.125, links 1.052 ..

TAFEL XXIII.
Sechsunddreissig-Ender (ungerade).

Schädelecht. Rechts 18. links 15 Enden. Rechts 4 Enden in einem Stück angesetzt. Ebenso die rechte Augensprosse und circa $^3/_4$ der rechten Eissprosse, ferner die linke Eissprosse. Gewicht circa 12 Ko. Hängt im Speisesaale an der Wand gegenüber dem Haupteingange über dem mittleren unteren Fenster. Herkunft unbekannt.

Gesammtausladung . . . . 1,430 m.
Länge der Stange . . . . . . rechts 0,970. links 0.980 ..

TAFEL XXIV A.
Linke Stange eines Sechsunddreissig-Enders.

Die Rose ist hinten nach aufwärts gezogen, und an dieser Stelle entspringt unter derselben (aus dem Rosenstocke) ein langes Ende in der Richtung des Gehörs. Zwischen der Augen- und Eissprosse eine kurze Zacke. Gewicht circa 3.200 Ko. Herkunft unbekannt. Die Stange steckt auf einem, an dem linken Fensterpfeiler des Speisesaales gegenüber dem Haupteingang hängenden, Kopfe zusammen mit dem auf Tafel XXIV b abgebildeten „Trinkhorn" als zu einem Geweih (36-Ender) gehörig. Die beiden Stangen passen jedoch durchaus nicht zusammen. Sie hängen im Speisesaale an der rechten Seite in der untersten Reihe zwischen dem linken und mittleren Fenster.

Länge der Stange . . . . 0,800 m.

TAFEL XXIV B.
Rechte Stange eines Sechsundzwanzig-Enders.

„Trinkhorn". Abgeworfen. Wir führen diese Stange eines 26-Enders an dieser Stelle auf, weil sie mit der auf Tafel XXIV a abgebildeten Stange eines 36-Enders auf einen Kopf, welcher im Speisesaale an der rechten Seite in der untersten Reihe zwischen dem linken und mittleren Fenster hängt, gestellt ist, trotzdem beide Stangen keinenfalls zusammen gehören. Diejenige des 26-Enders stammt von demselben Hirsche. wie die auf den Tafeln V, VI und XXI abgebildeten Bechergeweihe: es ist z. B. die Aehnlichkeit mit der rechten Stange des 26-Enders auf Tafel VI ganz in die Augen springend. Augensprosse und Mittelsprosse tragen jede eine zweizinkige Gabel. Der Kelch an der Krone dieser Stange ist besonders tief und breit. und da es an einer Stelle ganz gut möglich ist zwischen zwei Enden den Mund an den Kelch zu legen, so hat man diese Stange seit Alters her als Trinkhorn benutzt. Gewicht circa 3,600 Ko.

Länge der Stange . . . . 0,920 m.

Es existiren im Schlosse Moritzburg 3 sog. „Willkommen-Register", welche vom Jahre 1689 an geführt worden sind, und zwar wurde das erste von Kurfürst Johann Georg III. angelegt „nach glücklicher Hereinkunft von Eroberung der Stadt Mainz". Ein interessanter Aufsatz über dieses Register befindet sich in den Mitth. d. S. Alterth.-Ver. 1874. Jeder Gast, welcher zum ersten Male in Moritzburg an der Tafel sass, musste „den Willkommen" trinken und dieses geschah seit 1689 stets aus dem Kelche des 26-Enders. Ob die Stange schon vor dieser Zeit vorhanden gewesen, konnten wir nicht eruiren.

TAFEL XXV.
Fünfzig-Ender (ungerade).

Schädelecht (mit Haut und Haar). Rechts 12, links 25 Enden. Die Krone der linken Stange ladet monströs kolbenförmig aus mit 21 Enden und Zacken und ausserdem noch einigen kleineren Spitzen (welche nicht mitgezählt sind); nach vorn eine kelchartige Vertiefung. Die linke Mittelsprosse trägt eine zweizinkige Gabel und steht sehr nahe der Krone fast rechtwinklig ab. Gewicht circa $8^{1}/_{2}$ Ko. Auf dem Schilde des Geweihes steht ein „P.", welches der Tradition nach auf „Polen" gedeutet wird; allein diese Tradition dürfte eine irrige sein: es bedeutet vielmehr „Preussen", denn es ist aktenmässig belegt, dass König Friedrich Wilhelm I. von Preussen dem Kurfürsten Friedrich August I. von Sachsen (König August II. von Polen) ausser dem berühmten, auf unserer Tafel XXVII abgebildeten 66-Ender vier seltene Geweihe geschenkt hat, darunter eines, „dont un côté est fait par en haut en forme de kolbe et à 23 points". Dieses (wir zählen jetzt 25 Enden) ist zweifellos unser 50-Ender, und um so sicherer, als ausserdem noch 3 mit einem „P" bezeichnete Geweihe in Moritzburg vorhanden sind: zwei 24-Ender, von denen einer auf Tafel III. und ein 30-Ender, welcher auf Tafel XVI abgebildet ist. Die Schenkung geschah im Jahre 1727. Das 50-endige Geweih hängt im Speisesaale an dem rechten Pfeiler unter dem Orchester.

Gesammtausladung . . . . 1,320 m.
Länge der Stange . . . . . rechts 0,910, links 0,855 „

TAFEL XXVI.
Fünfzig-Ender (ungerade).

Rechts 25, links 17 (19?) Enden. Die beiden Stangen gehören nicht zusammen und sind abgeworfen. Die rechte Krone kolbig aufgetrieben mit zwei astlochartigen Höhlen; die Spitzen einiger Enden abgebrochen. Die linke

Mittelsprosse steht der Krone sehr nahe und ist monströs aufgetrieben. Die linke Eissprosse ist ausgebrochen und trägt an der Basis nach innen kleine Spitzen. Gewicht circa 9 1/2 Ko. Hängt im Speisesaale an dem linken Pfeiler unter dem Orchester. Herkunft unbekannt.

TAFEL XXVII.
Sechsundsechzig-Ender (ungerade).

Schädelecht (mit Haut und Haar). Rechts 33, links 29 Enden. Obere Hälfte der Stangen inclusive der Mittelsprossen monströs. Kronen muldenförmig flach ausgebreitet, die rechte trägt 22, die linke 23 Enden und Zacken (wobei einige kleine Zacken nicht mitgezählt sind). Die Mittelsprossen laden fächerartig aus, die rechte liegt handförmig der Stange an und trägt 9 Zacken, die linke steht mehr ab, ist etwas vertieft und trägt 4 Zacken. Die linke Eissprosse ist abgebrochen. Gewicht circa 5 1/2 Ko. Hängt im Audienzsaale über der Haupteingangsthür.

Es ist dieses das berühmteste der Moritzburger Geweihe. Wenn es auch als monströs bezeichnet werden muss, so ist die Regel- und Gesetzmässigkeit der an beiden Stangen fast gleichen Bildung doch auch zoologisch von Interesse. Das Stück ist vielfach abgebildet worden u. A. von Ridinger: es ist auch das einzige, von welchem bis jetzt eine Gipsform existirt.

Bekanntlich wurde dieser 66-Ender von dem Kurfürsten Friedrich III. von Brandenburg im Amte Biegen am 18. September 1696 erlegt und das Geweih nach Wusterhausen gebracht. Es ist über das seltene Stück mancherlei Irriges berichtet worden, wir wollen desshalb die aktenmässige Darstellung wiedergeben, welche vor Kurzem in der Zeitschrift für Museologie veröffentlicht worden ist: „Eine Abbildung des Geweihes wird heute noch in Wusterhausen gezeigt, doch bedarf der Inhalt des darin befindlichen Zeddels, auf welchem der Vice-Oberjägermeister von Meyrink bescheinigt, dass das Geweih selbst durch König Friedrich Wilhelm I. von Preussen an den Kurfürsten Friedrich August I. von Sachsen ‚für eine Kompagnie grosser Grenadiere geschenkt' worden sei, der Berichtigung. Aus den Akten erfahren wir nämlich, dass der König von Preussen, welcher schon vier seltene Geweihe an den Kurfürsten von Sachsen hatte gelangen lassen (siehe Erklärung zu Tafel XXV), Flemming auch den fraglichen 66-Ender zugesagt hatte, zwar ‚sans aucune condition'. Flemming hatte seinem Fürsten bereits darüber berichtet, auch durch Ilgen bei seinem bezüglichen Erinnerungsschreiben an den König von Preussen vom 11. October 1727 die beifällige Resolution gesehen. Dieselbe liegt im Original neben dem Flemming'schen Konzept und lautet: ‚Von Ilgen, ich werde es an König (von Polen) senden.' Als einige Tage später (am 13.) der preussische Generallieutenant von Borck dem Könige in der Geweihangelegenheit nahte, verlangte dieser als Gegengeschenk — dabei lächelte er jedoch — ‚un beau jenne Saxon, qui put entrer dans le premier rang de la colonelle de Potsdam'. Noch wiederholt wurde wegen dieses Geweihes korrespondirt, doch auf des Königs von Preussen Bedingung scheint man in Sachsen nicht eingegangen zu sein. Als Friedrich

Wilhelm I. und sein Sohn Friedrich wenige Monate später (11. Februar 1728) ihre Namen in das Willkommen-Register zu Moritzburg eintrugen (siehe Erklärung zu Tafel XXIV b), war der 66-Ender gewiss nicht mehr in Wusterhausen: schenkte doch alsbald der König von Preussen dem Kurfürsten von Sachsen sogar das kostbare Bernsteinkabinet."

Gesammtausladung . . . . 1,080 m.
Länge der Stange . . . . . rechts 0.675. links 0,650 „

TAFEL XXVIII.
Monströses Geweih.

Schädelecht (mit Haaren). Alle Enden knollig entwickelt. Die Kronen selbst fächerartig ausgebreitet mit wulstigen Rändern. Auch die Sprossen sind, soweit vorhanden, kolbig am Ende. Rechte Augensprosse mit zwei Wülsten am Ende. rechte Eissprosse mit zweizinkiger Gabel. rechte Mittelsprosse fehlt oder ist mit der Krone verwachsen. Linke Augen- und Eissprossen einfach aber kolbig am Ende, linke Mittelsprosse fehlt oder ist mit der Krone verwachsen. Gewicht circa $5\frac{1}{2}$ Ko. Hängt im Audienzsaal an der Wand rechts, von der Haupteingangsthür aus gerechnet, ganz oben.

Der Hirsch, welcher dieses Geweih trug, wurde von Kurfürst August im Jahre 1584 erlegt. Er ist auf einem grossen Gemälde in der Eingangshalle dargestellt: die Unterschrift dazu lautet: „Diesen Hirsch hat mein gz. Herr Churfürst zu Sachsen geschossen, uf der Weidenhain'schen Heiden am Ditzengrundt beim Schwinderle hat gewogen 7 Ctr. 5 U. Die Länge vom hindern Schenkel obern Rücken zwischen Geweye bis uf de Nase 5 Ellen 3 Viertel. Die Höhe von Vorderfusze bis aufn Rückgrad $2\frac{1}{2}$ Elen. Die Dickung umen Leib 3 Elen $1\frac{1}{2}$ Virtel. Die Läng die Kopfs $3\frac{1}{2}$ Virtel." Auch auf dem schon oben (Erklärung zu Tafel XVII) von uns erwähnten nach 1586 gemalten Bilde im Schlafzimmer Seiner Majestät des Königs ist der Hirsch mit diesem monströsen Geweih abgebildet mit der Bemerkung: „Diesen Hirsch hat Churf. August löblich gedecht: selbst geschossen."

Gesammtausladung . . . . 0,740 m.
Länge der Stange . . . rechts 0.630. links 0.625 ,.

TAFEL XXIX.
Monströses Geweih mit nach unten gewachsener langer rechter Augensprosse.

Die beiden Stangen gehören vielleicht nicht zusammen und sind abgeworfen. Rechte Augensprosse sehr lang und nach abwärts gerichtet, allein sie ist zu vertical gestellt worden und muss weiter nach rechts ausladen, so dass der ganze Kopf frei wird. Rechte Eissprosse nur angedeutet, rechte Mittelsprosse fehlt. rechte Stange gewunden. Krone kaum angedeutet, kolbig. Linke Augensprosse fehlt; linke Eissprosse angedeutet, linke Mittelsprosse fehlt. In dem unteren Drittel der linken Stange ungefähr an der Stelle, wo die Mittelsprosse stehen könnte, ein Bug. Linke Krone mit zwei schaufelförmigen Enden. Gewicht circa 3 Ko. Hängt im Audienzsaal an der Wand, in welcher die Haupteingangsthür liegt, und zwar, wenn man eintritt, links oben in der Ecke. Länge der Stange . . . . . . rechts 0.440, links 0.800 m.

TAFEL XXX.
„Verkämpfte" Zehn- und Zwölf-Ender.

Nach einem im Hauptstaatsarchiv zu Dresden aufbewahrten Diarium wurden zwei verkämpfte Hirsche im Februar des Jahres 1734 in der Annaburger Haide aufgefunden. „Vor einigen Tagen haben in der Annaburger Haide zwei starke Hirsche dergestalt miteinander gekämpft, dass der eine davon sogleich tot geblieben; und weil die Geweihe sich scharf ineinander verwickelt, hat der lebendige den toten über 300 Schritte weit fortgeschleppt, bis er endlich von einem Jäger gefällt worden. Die Geweihe hat man selbst den Köpfen abgelöst und als eine Rarität nach Dresden geliefert." Schon Kurfürst August (1553—1586) besass verkämpfte Geweihe. Er schickte an den Herzog Julius von Braunschweig „2 Paar auf der Brunst in einander geschränkter Hirschhörner", und König August II. von Polen liess im April 1725 fünf Paare aus dem Schlosse zu Torgau nach Moritzburg bringen. Vier Paare befinden sich noch heute in der Einfahrtshalle auf Holzköpfen, bei einem derselben stösst der eine Hirsch den anderen mit der Augensprosse in's Gehör und dieser dagegen jenen in's Licht. Das von uns abgebildete Paar ist jedenfalls identisch mit dem Annaburger, weil die Geweihe auf den Schädeln stehen, und von diesem besonders bemerkt ist, dass die Köpfe mit aufbewahrt worden waren. Ridinger hat einen 12- und einen 14-Ender verkämpft dargestellt, welche man 1756 in Hessen-Darmstadt an der Bergstrasse gefunden hatte. — Gewicht 8.100 Ko. Es steht lose im Speisesaal in der Fensterecke rechts.

Zum Schlusse möge noch eine Bemerkung gestattet sein über die in Moritzburg jetzt in der ersten Etage in einem Vorzimmer hängende, in natürlicher Grösse dargestellte alte Abbildung eines Riesengeweihes, dessen Original früher im Schlosse Amboise in Frankreich aufbewahrt, aber im Jahre 1871 nach Deutschland gebracht worden ist, und sich nunmehr im Forsthause Dreilinden bei Zehlendorf in Preussen befindet. Dieses Original ist aus Holz; es hat eine Höhe von 2,70 m, die obere Entfernung der Stangen beträgt 0,60 m, die Entfernung der Stangen in der Mitte 2,10 m. Es existiren verschiedene Nachrichten über die Zeit, wann der Hirsch, welcher dieses Geweih getragen haben soll, erlegt worden ist; es heisst im Jahre 648, dann wieder 764, endlich soll Benvenuto Cellini die Holznachbildung im Jahre 1520 angefertigt haben. Alle diese Nachrichten erweisen sich bei näherer Prüfung der Nebenumstände, welche zugleich angegeben sind, als gefälscht. Es handelt sich aller Wahrscheinlichkeit nach nur um ein Phantasiestück eines Holzschneiders des Mittelalters. Nachbildungen grosser Geweihe in Holz sollen auch sonst vorkommen, so wurde dem Kurfürst August eine solche aus Russland im Jahre 1568 zugesendet. „Dass aber bei dem Riesengeweih des Schlosses Amboise sich auch eine bestimmte, den Ursprung desselben bescheinigende historische Notiz vorfindet, erklärt sich aus dem eigenthümlichen Charakterzug der früheren Zeit, jeder auffälligen, nicht sofort erklärbaren Erscheinung, jedem Ortsnamen und dergleichen, dessen Deutung dem gewöhnlichen Volkswitz zu schwer fällt, irgend eine erklärende Sage zuzugesellen, welche zu grösserer Glaubwürdigkeit sich auch mit positiven geschichtlichen Angaben herauszuputzen liebte" (v. Kyaw). Es gelang uns nicht zu eruiren, wann das Moritzburger Gemälde angefertigt worden und wie es dort hingekommen ist.

Anmerkung: Es sei darauf hingewiesen, dass von diesem Werke auch eine Ausgabe in Grossfolio zum Preise von 60 Mark im gleichen Verlage erschien. Die Geweihe sind dort in $1/6$ bis $1/3$ ihrer natürlichen Grösse abgebildet, und der begleitende Text ist ausführlicher hinsichtlich der Beschreibungen und Messungen, wie sich in demselben auch u. A. das ganze „Willkommen-Register" vom Jahre 1689 bis Ende 1882 abgedruckt findet.

DIE
HIRSCHGEWEIH-SAMMLUNG

IM

KÖNIGL. SCHLOSSE

ZU

MORITZBURG

BEI DRESDEN.

HERAUSGEGEBEN

VON

DR. ADOLF BERNHARD MEYER,

K. S. HOFRATH UND DIRECTOR DES K. ZOOLOGISCHEN MUSEUMS ZU DRESDEN.

DRESDEN.
PHOTOGRAPHIE, DRUCK UND VERLAG VON WILHELM HOFFMANN.

MORITZBURG
KÖNIGL. SÄCHS. JAGDSCHLOSS.

Tafel VI.

26-Ender (ungerade).

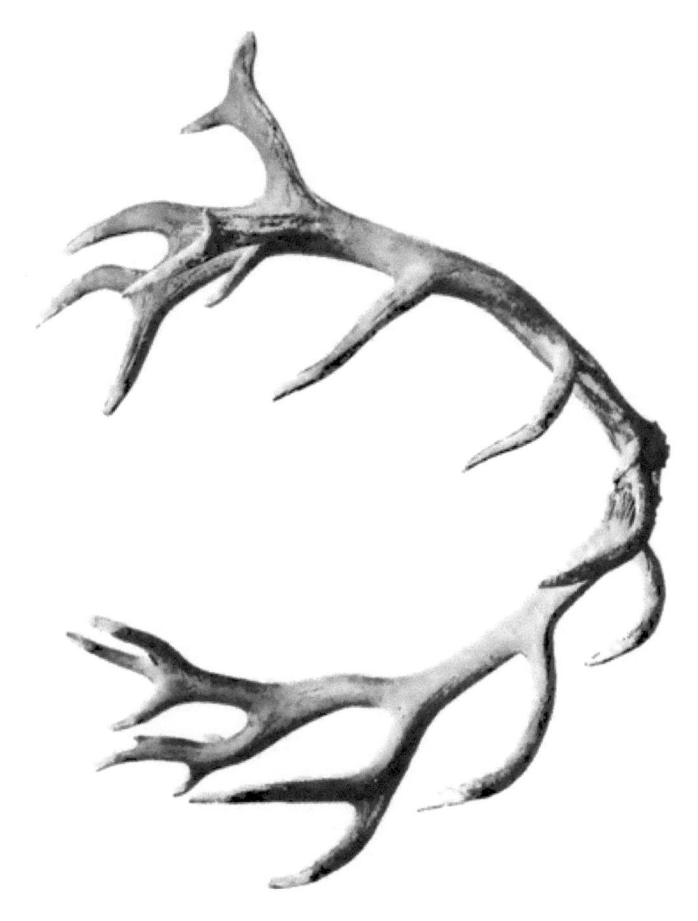

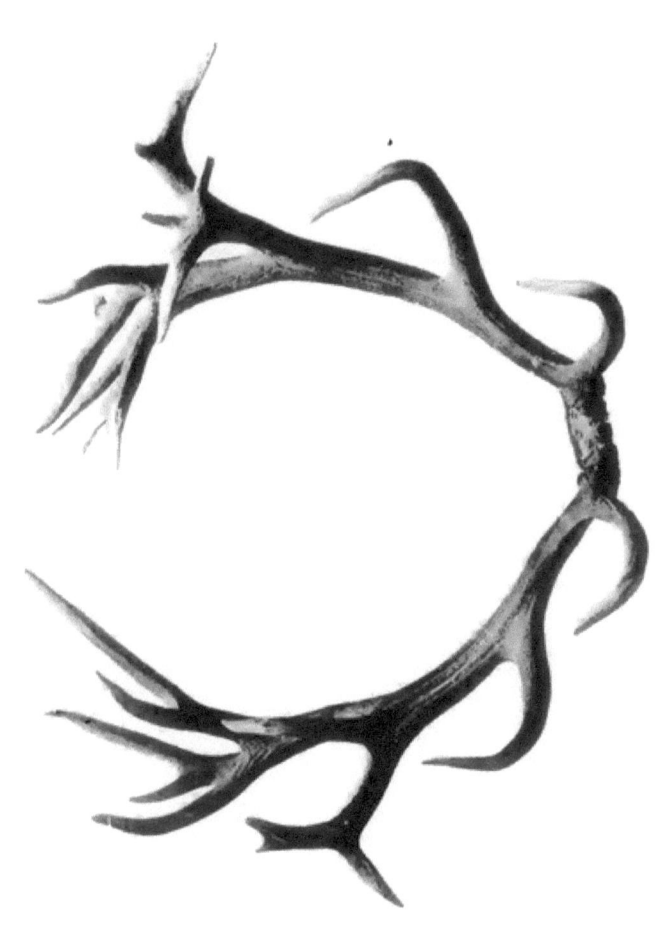

Tafel XIII.

28-Ender (ungerade).

Tafel XVI.

30-Ender (ungerade).

Tafel XVII.

32-Ender (ungerade).

32-Ender (ungerade).

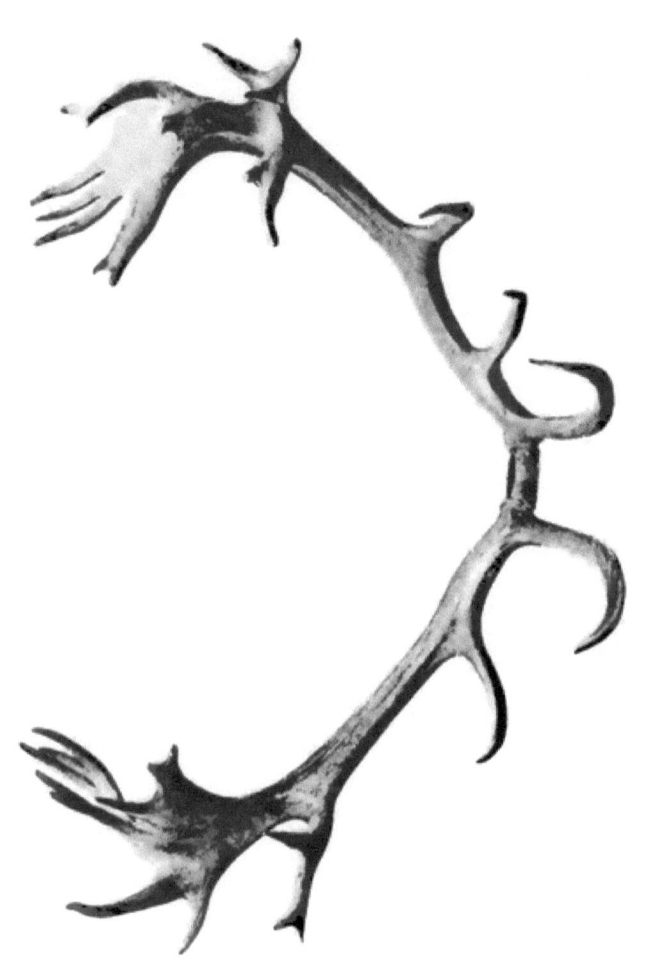

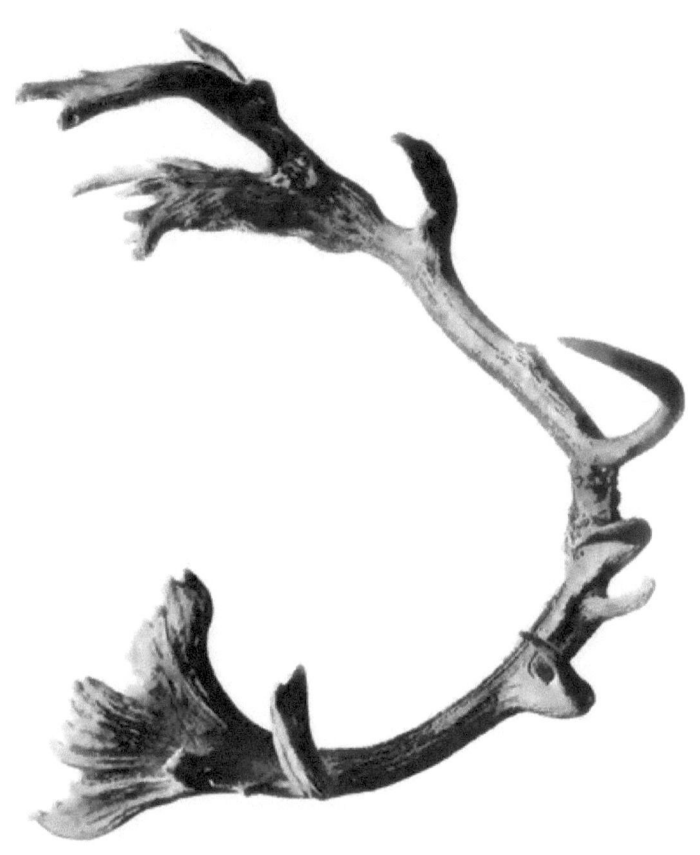

Tafel XXIX.

Monströses Geweih
mit nach unten gewachsener Augensprosse.

Tafel XXX.

Verkämpfte Geweihe.